大妻ブックレット――③

カウンセラーになる

心理専門職の世界

尾久裕紀・福島哲夫［編著］

目　次

カウンセリングルーム

静かなゆったりとした空間でカウンセリングを行います。

家族面接室

箱庭療法のセットもあります。

砂場があるプレイルーム

遊びを通じて子どものカウンセリングを行います。

箱庭のあるプレイルーム

静かな遊び、体を動かす遊び、どちらもできる部屋です。

はじめに

このブックレットは、カウンセラー（心理専門職）に関心がある人、なりたい人に向けて書かれたものです。二〇一八年より新たに国家資格として公認心理師制度がはじまり、カウンセラーの新たな時代を迎えようとする時期にこのような本を出すことができ大変うれしく思います。

本書では、まず心理学がどのような学問であるか、カウンセラーになるには大学でどのような学びをするのか、どのような資格を取得することが必要かについて紹介します。その上で、カウンセラーとして働くとはどのようなことか、とりわけ今後新しい資格制度の下で広がりが予想される医療と企業の現場で働くカウンセラーについて具体的に説明します。

著者らは大妻女子大学で公認心理師、臨床心理士の教育に携わっており、カウンセラーを目指す人のためにできるだけわかりやすく、かつ最新の情報を紹介するように心がけました。

大妻女子大学人間関係学部社会・臨床心理学専攻を受験する高校生とその保護者の皆様、および高校の先生たち、さらには心理学、カウンセリングに関心がある方にも読んでいただきたいと願っています。

尾久裕紀

第1章　心理学を学ぶ――社会心理学を中心として

この章では、心理学、そして心理学の一領域である社会心理学を中心に、どのような学問であるのかについてお伝えしていきます。カウンセラーなどの心理専門職に興味を持たれている皆さんは、おそらく臨床心理学（第2章参照）や、それ以降の章の話に関心が強いと思います。しかしながら、臨床心理学は心理学という学問の一領域であり、まずは心理学そのものについて理解を深めておくことはとても大切です。そして、社会臨床心理学（または、臨床社会心理学）と呼ばれる領域もあることからわかるように、社会心理学と臨床心理学には密接な関係があります。したがって心理専門職を目指されている皆さんにとって、社会心理学の知識を身につけることは、大きなプラスになるでしょう。

それでは最初に、心理学とは何かについて歴史とともに簡単に見ていきましょう。

1　心理学とは

心理学（psychology）は、「psyche（精神、魂）」+「logos（論理、言葉）」からつくられた用語で、その起源は古代ギリシャの哲学者（ヒポクラテスやアリストテレスなど）までさかのぼることができます。彼らの考えは、その後の心理学に多大な影響を与えましたが、その一方、哲学者たちが書斎の肘掛け椅子に座って考えた（いわば浮世離れした）ものであり「肘掛け椅子の心理学」として批判の対象にもなっていました［本田 二〇一八］。一九世紀に入り、心理学が大きく発展していきます。心の科学としての心理学が誕生したのは、ドイツの学者であるヴィルヘルム・ヴントが、ライプチヒ大学でゼミの授業を心理学実験室においてはじめた一八七九年といわれています。記憶の研究で有名なヘルマン・エビングハウスが「心理学の過去は長いが歴史は短い」と述べたように、歴史は比較的浅い（つまり、まだまだ発展の余地のある）学問領域です。ヴントは生理学の観点から、精神内容を観察・分析することで新しい心の科学を構成できると考え、「内観法（自分自身の意識について報告させる方法）」と呼ばれる研究手法を用いて、人の意識について捉えることを試みました。その後、ヴントの立場に賛同する者、反対する者が現れ、さまざまな立場の心理学（ゲシュタルト心理学、行動主義、精神分析学など）が提唱され、現在の心理学の発展につながってきました。

歴史を振り返るとわかるように、心理学とは心のメカニズムを科学的に解明する学問です。心のメカニズムを科学的に解明する視点や方法にはさまざまなものがあり、その分、研究の対象は多岐（人だけではなく、ネズミやサルなど）に渡っています。現在の心理学の領域には、社会心理学、臨床心理学をはじめ、認知心理学（記憶や知覚など）、教育心理学（効果的な教育手法など）、発達心理学（子どもの心の発達など）、犯罪心理学（犯罪に関する心のメカニズムなど）、パーソナリティ心理学（性格と行動の関連など）、生理心理学（人の行動の生物学的基盤など）など、基礎分野から応用分野にまで広がっており、今も新たな領域が生まれています。また、心理学は他の学問領域とのつながりもあります。例えば、二〇一七年度にリチャード・セイラー博士（シカゴ大学教授）がノーベル経済学賞を受賞しましたが、彼は経済学に心理学の知見を統合した行動経済学と呼ばれる学問分野への貢献が認められ、ノーベル経済学賞を受賞することとなりました。このように心理学が世の中に貢献できることは思った以上に多いのかもしれません。

2　社会心理学とは

それでは、心理学の中でも社会心理学とは何を学ぶ学問なのでしょうか？　社会心理学は、個人の心理を中心にして、人と人、人と社会（集団も含まれる）が相互に影響を与え合うプロセスを理解し、社会問題や個人が抱えるさまざまな問題の解決を目指す学問領域です［安藤　二〇一七］。

表1－1　社会心理学事典の目次

No.	タイトル	内容
1	自己	自己呈示、自己開示など
2	社会的認知・態度	ステレオタイプ、態度など
3	社会的動機・パーソナリティ	親和動機、対人不安など
4	健康	ストレス、バーンアウトなど
5	親密な対人関係	友情と恋愛、親子関係など
6	対人的影響	援助行動、攻撃行動など
7	コミュニケーション	説得、欺瞞など
8	集団過程	同調・服従、互恵性など
9	集団と組織	競争、リーダーシップなど
10	大衆現象・犯罪	ダイエット、少年犯罪など
11	集合現象	広告、流行、政治参加など
12	文化	民族紛争、異文化適応など
13	原理・方法	社会心理学史、研究法など

出所：日本社会心理学会［2009］を参考に作成。

表1－1は、二〇〇九年に日本社会心理学会が出版した社会心理学事典の目次をまとめたものです。皆さんが生活している中で聞いたことのあるキーワードがいくつも含まれていませんか？　社会心理学は心理学の中でも日常生活に密接した身近な学問領域だといわれています。もう少し理解を深めるために、それぞれについて、簡単に見ていきましょう。ここでは、それぞれのテーマについて厳格な定義や理論を説明するということではなく、日常場面での例を紹介することで、身近な学問領域であることを感じてもらえたらと思います。

(1) 自己

「私、今日の試験勉強何にもしてないんだよね。」「私もやってない。やろうと思ったんだけど、つい寝てしまって、絶対テストできないと思う。」試験前にこんな会話をしたことはありませんか？　試験の前に試験勉強をしていないことをアピールすることで、実際に試験の成績が悪かったとしても、それは自分の能力が低いからではないという理由付けをするために、私たちがつい行ってしまう行動で、「セルフハンディキャッピング」と呼ばれる自己呈示の一つです。このような自己に関わる現象について研究していきます。

(2) 社会的認知・態度

A型の人は几帳面で、O型の人はおおらか、血液型診断でよく出てくる診断結果です。果たしてこれは本当に合っているのでしょうか？　似たような例はほかにもあります。痩せている人は神経質、太っている人は明るい、アメリカ人は自己主張が強い、日本人は真面目など、私たちは、特定のカテゴリーに人を当てはめて判断してしまうことがあります。これはステレオタイプと呼ばれ、このステレオタイプにネガティブな評価や感情が伴うと偏見や差別につながることもあります。なぜ、私たちは人に対してそのような画一的な見方をしてしまうのでしょうか？　このような現象について研究していきます。

(3) 社会的動機・パーソナリティ

あの人と仲良くなりたい、嫌われたくない、周りの人から認められたい、私たちはさまざまな動機を持ちながら人とコミュニケーションを取っています。こういった動機にはどのようなものがあり、そして、それはどういった機能を持っているのかについて明らかにしていきます。また、几帳面やせっかち、人前で話すことが苦手など、私たちのパーソナリティは人それぞれです。そして、パーソナリティによって人の行動や認知は変化します。このようなパーソナリティの種類やパーソナリティを測定する方法、パーソナリティに影響を与える原因などについて研究していきます。

(4) 健康

私たちはいつも笑顔で生活できるわけではなく、日々の中で、嫌だなと思うようなストレスを感じることがあります。少しくらいのストレスなら良いかもしれませんが、それがとても大きかったり、ずっと続いてしまうと心身に悪影響を及ぼします。このようなストレスはなぜ生じてしまうのでしょうか。そして、ストレスが生じた時に、私たちはどのような対処をすることが望ましいのでしょうか。このように、人が健康に生活をしていくことに影響を与える要因などについて研究していきます。

(5) 親密な対人関係

私たちは日々、さまざまな対人関係の中で生活しています。友人関係や恋愛関係、親子関係などは親密な対人関係と呼ばれ、私たちに多くの恩恵をもたらしてくれる一方で悩みの種にもなります。そもそも私たちはなぜ、Aさんとは友だちになるのに、Bさんとはならないのでしょうか。なぜ、Cさんのことを魅力的であると感じるのでしょうか。恋愛関係における別れから立ち直るにはどのような方法があるのでしょうか。このような対人関係に関するさまざまなテーマについて研究していきます。

(6) 対人的影響

私たちは、困っている人がいたら助けることが望ましいということを頭では理解しています。しかし、大勢の人がいる中で、困っている人を見つけた時に、私たちはつい、助けることを躊躇してしまうことがあります。一九六四年、アメリカで深夜の住宅街においてある女性が暴漢に襲われて刺殺されるという大変痛ましい事件が起こりました。その時、多くの住民が事件の一部始終を見ていたにも関わらず、警察に通報するなどの行動を起こさずに、見て見ぬふりをしてしまいました。なぜ、このようなことが起こってしまったのでしょうか？　私たちは、そして住民たちは冷たい人間なのでしょうか？　実はそうではないことがわかっています。私たちは、周りに人がいると、「誰も助けていないのだから安全な状況なのだろう」「誰かほかの人が助けるだろう」「助けるのを失敗したら恥ずかしい」などと考えてしまい、援助行動を抑制することがあります。これを傍観者効果といいます。このような私たちの行動に影響を与える要因について研究していきます。

（7）コミュニケーション

今月、どうしても買いたいライブのチケットがあります。それを手に入れるには、両親からお小遣いを五千円前借りしなければなりません。あなたは、どんな手を使って相手を説得しますか？　たとえば、こんなやり方があります。最初に一万円貸してほしいと依頼します。しかし、この依頼は金額が大きいから断られるかもしれません。次に、五千円貸してほしいと再度依頼します。相手からすればあなたが譲歩したように見えますので、貸してくれるかもしれません。このように最初に大きな要請を行い、その次に相対的に小さな要請を行う説得方法をドアインザフェイス（譲歩的要請法）と呼びます。なお、このような説得のテクニックはビジネスの現場でも用いられることがあります。私たちが日常的に行っているコミュニケーションについて多くの研究が行われています。

（8）集団過程

友だちとファミリーレストランでお昼を食べるとき、友だちみんながAセットを注文しました。あなたはBセットを食べたいにも関わらず、つい、みんなに合わせてAセットを注文してしまいました。さて、似たような経験はありませんか？　これは同調と呼ばれるものです。私たちは一人でいるときと集団でいるときでは行動が変化することがあります。このような集団と個人の影響過程について研究していきます。

(9) 集団と組織

高校のクラス、部活、いつも一緒にいるグループなど、私たちは多くの集団に所属していますが、つい、自分たちの集団は他の集団よりも優れていると感じることはありませんか？ 私たちは、自分が所属している集団（内集団）と他の集団（外集団）を区別して、自分たちの方が上だと思うことで、自分の気持ちを安定させる傾向があります。また、集団の中には、パフォーマンスの高い集団と低い集団がありますが、この違いはどこにあるのでしょうか。そして、リーダーがどのような振る舞いをすることが集団のパフォーマンスを高めるのでしょうか。このような集団や組織の構造や特性について研究していきます。

(10) 大衆現象・犯罪

ダイエット、レジャー活動、いじめ、引きこもり、少年非行、ハラスメント、どれも一度はニュースや雑誌で特集が組まれているのを見たことがありませんか。なぜ人はダイエットに魅了されるのでしょうか、なぜ、いじめはなくならないのでしょうか、非行に走ってしまう理由やそれを予防する方法にはどのようなものがあるのでしょうか。これらの多くは、社会心理学以外の学問領域においても扱われることがありますが、社会心理学では、これらの現象が生じてしまう個人的な要因だけでなく、社会的な要因に焦点を当てて研究していきます。

(11) 集合現象

「あの人がCMに出ているから、この商品は良いものだろう」「あの人が着ているブランドだから私も買おう」

このように私たちは商品を購入する際に広告から大きな影響を受けています。このような広告の影響にはどのようなものがあるのでしょうか。また、「みんなが持っている、やっている」という流行が日々、生まれては消えていきますが、流行が発生する心理的メカニズムとはどのようなものなのでしょうか。このような現象について研究していきます。

(12) 文化

海外旅行をしたことのある人は、日本にはないけれども、海外には存在しているルールに驚いたことはありませんか?　たとえば、ホテルに泊まるときや食事をするときに「チップ」を払う習慣のある国があります。また、箸やフォークを使わずに、手で食べる習慣のある国もあります。すべてその国の人にとっては「当たり前」であっても、違う国の人にとっては「めずらしい」と感じるように、私たちは様々な文化的背景の中で生活をしており、その文化に自分の考え方や行動が影響を受けています。異なる文化的背景を持っていることが、トラブルのもとになることもあるかもしれません。そもそも文化とは何なのでしょうか？　このような文化に関わる心理的現象について研究していきます。

⒀　原理・方法

これまで紹介した一二の内容はある日突然出てきたものではありません。これらは、多くの社会心理学者によって作り上げられてきたものであるため、社会心理学を学ぼうとする人はその歴史について知っておくとよいでしょう。また、これまでの内容は、一見、自分の経験や周りの人から聞いたことのある内容であり、わざわざ研究しなくても良いのではないかと思われるかもしれません。ここで大切なことは、心理学は心の科学であるということです。科学であるということは、自分の経験を語ることではありません。そして、人から言われたことを鵜呑みにすることでもありません。厳密に定められた方法論を用いて、実証していくことによってデータを積み上げていくことが求められます。心は目に見えない概念ですが、そうであるからこそ、それを科学として成り立たせるために、多くの心理学者が様々な研究法を開発してきました。また、研究をしていくなかで、守らなければならない倫理があります。これらについて理解を深めていくことが大切です。

以上が社会心理学で扱われる主なテーマです。だいぶイメージが湧いたのではないでしょうか。これまで見てきたように、社会心理学は社会的な環境に囲まれた人の認知や行動について科学的に実証することを目指しています。それでは、心理専門職を目指す皆さんにとって社会心理学を学ぶ意義は何でしょうか。その意義はいくつもありますが、大きなものとしては、助けを求めているクライエントの問題と向き合う際に、クライエントだけではなく、クライエントを取り囲む環境についても意識することの大切さを理解できることが挙げられます。私たちは自分が思っている以上に、周りの環境から影響を受け、そして、周りに影響を与えています。周りの環境からの影響については、臨床心理学においても重要視されていますが、社会心理学ではその点をより強く意識して研究が進められており、多くの理論や考え方が提唱されてきています。また、私たちが世の中を見るときには、バイアス（本人の視点の偏り）がかかっているということも社会心理学を学ぶことで理解できます。例えば、私たちは、他人の行動の原因を考えるときには、周囲の状況などの外的なものではなく、本人の性格などの内的なものが原因だと判断しがちです。一方、自分のこととなると、性格などの内的なものではなく、周囲の状況など外的なものが原因だと判断しやすくなります。心理専門職として仕事をしていくなかで、自分自身の物の見方のクセを知っておくことはとても大切ではないでしょうか。このように、心理専門職を目指す皆さんには是非とも、社会心理学の知識も同時に身に付けてほしいと考えています。

表1-2　心理専門職（公務員）の職種の一例

1	国家公務員	法務省矯正局（法務技官）、家庭裁判所調査官など
2	地方公務員・地方警察職員	心理判定員、児童心理司、心理技官など
3	独立行政法人職員	障害者職業カウンセラー、児童指導員など

出所：髙橋・山口［2011］を参考に作成。

3　心理学を活かした仕事とは

本章の最後に、心理学を活かした仕事について考えていきたいと思います。まず思いつくのは、国家資格である公認心理師、そして、臨床のスペシャリストである臨床心理士だと思います。また、公務員として心理学を活かす仕事もあります（表1-2）。これらは、犯罪心理学や発達心理学などの応用心理学の知識を活かした仕事といえます。

では、本章で紹介した社会心理学の知識を活かせる仕事は、他にはないのでしょうか。その答えは、「否」です。大学で社会心理学を学ぶことで身に付けた力は心理専門職以外のさまざまな仕事で活かすことができます。例えば、説得についての知識は、営業の仕事をする上で、大きなアドバンテージになります。実際に、企業の営業マニュアルに、ドアインザフェイスなどの説得技法が記載され、それらのテクニックを用いながら営業活動が行われることがあります。また、広告が消費者に与える影響や流行の心理的メカニズムについて理解していることは、マーケティング業界で働きたいと考えている人にとっては有益な知識ではないでしょうか。そして、心の科学である心理学を学ぶ過程で身に付けた、仮説を設定し、データを収集・分析し、考察するという一連のプロセスを一人で実践できる力は、調査会社やデータサイエンティストとして活躍できる可能性を秘めています。

このように、心理専門職を目指している方も、そうでない方も、大学で心理学を学ぶことを通して、心理学の視点で世の中を見る力、そして、貢献する力を身につけることは、その後の人生にとってプラスに働くと私は信じています。

（本田　周二）

引用・参考文献

安藤清志［二〇一七］『社会・集団・家族心理学⑪（公認心理師入門――知識と技術）』日本評論社、四八～五一頁。

髙橋美保・山口陽弘［二〇一一］『「試験」からみた心理学（心理学ワールド53）』日本心理学会、九～一二頁。

日本社会心理学会［二〇〇九］『社会心理学事典』丸善出版。

本田周二［二〇一八］『第4章「心理学・臨床心理学の全体像」（公認心理師必携テキスト）』学研メディカル秀潤社、六二～六五頁。

第2章　臨床心理学を学ぶ

1　臨床心理学とは

臨床心理学、みなさんはどのようなイメージを持つでしょう？　臨床は病院？、心理学は心の学問？　などと、もしかすると臨床心理学という名前は耳にしたことがあっても、具体的なイメージはつきにくいかもしれません。

臨床心理学は英語では、Clinical Psychology と表記されます。Clinical という用語をみると、上述のとおり、医療の現場で、かつ Bed side（床に臨む）という色合いが強いようにも思えます。しかし、臨床心理学の Bed side は、病院でベッドに臨むような現場にとどまらず、教育や福祉の現場、産業や司法の現場など幅広いものです。そして、ここで活躍する専門家は、臨床心理学をバックグラウンドとして、人々を支援する知識と技能を十分修得した実践家です。

臨床心理学という学問をバックグラウンドとした実践家は、カウンセラーと呼称されます。そして多くの場合、カウンセラーとして実務にあたる人々は、公認心理師や臨床心理士の資格を取得し、臨床心理学的対人支援を担っています。

たとえば、悩みを抱える人々の話に耳を傾け、その悩みの背景にある多様な問題や出来事を聴取することはカウンセラーの特徴です。また、耳を傾ける相手の表情や振る舞いを十分に観察し、問題の成り立ちを評価し支援の方向性を定めることはアセスメントと呼ばれ、これもカウンセラーに求められます。さらに、さまざまな心理療法を用いて問題を解決することを目指すといったことも、ここでいうカウンセラーの特徴です。そして、前述のとおり、臨床の現場において、悩みを抱える人々のカウンセリングを遂行する上で、カウンセラーは、臨床心理学という学問領域において十分にその知識を獲得し、カウンセリングの技能を修得した専門家であることが求められます。

一般的に専門家として、臨床現場で活躍することを目指す場合、その多くは、大学四年間で心理学や臨床心理学を学び、大学院修士課程に進学し修了するとともに、公認心理師や臨床心理士といった資格を取得することが求められます。大学・大学院では、臨床心理学の基礎知識や応用の学習に加え、演習や実習を通して、支援技能を修得することが大きな課題です。こうしたことから、臨床心理学は座学だけの学問ではなく、いわゆる実学であり、実践的学問であるともいえます。

また、大学四年間では、多くの場合、その集大成として卒業論文を執筆します。ここでは科学的視点から人間の心理・行動的側面を深く考察する能力が培われ、また文章を執筆する力も身に着けることができるでしょう。そして、大学院修士課程の二年間では、修士論文を執筆することが求められます。ここでも科学的視点から大学四年間で学んだ臨床心理学の知識を土台として研究論文を執筆することが求められます。

臨床心理学という学問をバックグラウンドとして臨床の現場で対人支援を行う際、大学や大学院で修得する実践的技能と客観的科学を志向する姿勢は大いに役立ちます。

現代社会において、カウンセラーをはじめとした対人援助職には、〝科学者であり実践家であること〟が求められ、これは、Scientist-Practitioner model と呼ばれます。

カウンセラーとして臨床現場で活躍する際、実践家としての経験を積み支援することは責務です。しかし、経験のみをもって支援を行うことだけではなく、たとえば、真に効果がある支援法(Evidence：証拠、すなわち効果が実証されている方法)を選択して支援にあたることや、専門家として行っている支援の実証性を確認することなどが求められます。こうした姿勢が、Scientist-Practitioner model であり、科学者・研究者としての視点を重視するといった考え方で、とても重要な概念です。こうした概念は、これからの臨床心理学において、より一層重視されるものといえます。

以上のように、大学で学ぶ臨床心理学は、医療・教育・福祉・産業・司法領域で対人支援を行うベースとなる知識や技能が詰め込まれている学問領域であり、カウンセラーを目指す人々が十分学び、実践に活かすことがテーマです。あわせて、大学や大学院で研究に対する興味・関心を醸成し、科学者－実践家としての素養を培い、また、研究成果を発信しながら臨床心理学の発展に寄与することも求められます。

2　臨床心理学の誕生と発展

一八七九年、ドイツのライプチヒ大学に研究者ヴィルヘルム・ヴントが心理学実験室を創設しました。この年が心理学誕生の年といわれています。そして、心理学はさまざまな研究者により研究が進められます。また、ヴントのもとへは、多くの研究者が集まり、盛んに研究が行われ、その成果が蓄積されました。ヴントに師事した研究者のひとりに、アメリカのライトラー・ウィットマーがいました。

ウィットマーはもともと、アメリカで高校生の指導にあたっていました。ここで、発達や学習の問題を抱える生徒に出会い、その問題を理解することと支援することに興味・関心を持ち、母校ペンシルバニア大学大学院で学びます。その後、ウィットマーもドイツへ留学し、ヴントのもとで学位を取得後、帰国し、一八九六年、ペンシルバニア大学に心理相談室を創設します。この年が臨床心理学誕生の年といわれます。ウィットマーが創設した心理相談室では、〝子どもの問題に対する支援〟、〝問題の理解〟、〝支援者の育成〟がメインテーマであり、ここで、特に子どもを対象とした支援が行われた背景には、ウィットマーの興味・関心が生徒の発達や学習の問題だったことに起因しているといえるでしょう。

さて、臨床心理学のはじまりは、以上のとおりですが、その後、臨床心理学は一学問体系として研究・実践が進められ、カウンセリングや心理療法といった方法も多様に開発されます。

3　臨床心理学とカウンセリング、心理療法

臨床心理学は、臨床実践を行う際に土台となる知識や技能を包括する学問領域です。それでは、カウンセリングや心理療法は、臨床心理学に含まれるものなのでしょうか？

以下は、臨床心理学、カウンセリング、心理療法の定義［山蔦・杉山 二〇一二］、です。

日本で臨床心理学といったとき、カウンセリングや心理療法を学ぶ一学問領域と位置付けられることが多く、表２－１のような定義のもと、教育やトレーニングが行われます。一方、海外、特にアメリカでは、臨床心理学（Clinical Psychology）とカウンセリング心理学（Counseling Psychology）が学問領域として独立しており、臨床心理学では、人間の心理・行動的問題の成り立ちに関する研究、カウンセリング心理学では、カウンセリング実践や心理療法の適用に関する研究がそれぞれ行われています［下山 二〇一〇］。

臨床心理学・カウンセリング・心理療法を明確に分類することは、臨床心理学を学ぶ上で最重要とはいえませんが、それぞれがどのように位置づけられるものなのか、何がどのように異なり、

表２−１　臨床心理学・カウンセリング・心理療法の定義

カウンセリング クライエントの問題を支援することを目的としたクライエントとカウンセラーとの言語・非言語コミュニケーション
心理療法 クライエントの問題を支援することを目的とした、各種理論を背景として有する支援法。カウンセリングに包括される方法論
臨床心理学 特に人間の心理・行動的問題の発現・維持メカニズムの解明や心理・行動的問題の解決を目指した学問。カウンセリングや心理療法を包括した一学問体系

出所：山蔦・杉山［2012］。

何が重複するのかを確認することは大切です。特に日本では、これらの用語を明確に整理することは難しく、臨床心理学を学ぶことが「何を学ぶこと」なのかわかりにくいという状況にあるともいえます。臨床心理学を学ぶ時、臨床心理学に近接する領域や重複する領域との位置関係を知ることは、臨床心理学の学びを深めることにもつながります。

4　カウンセリングと心理療法の展開

ウィットマーが一八九六年に心理相談室を創設して以来、多くの研究者・実践家が、人々の心理・行動的問題を解決する方法を探索し、多くのカウンセリング技法や心理療法が提唱されました。

こうした中、カウンセリングは二つに大別することができます。それは、開発的カウンセリングと治療的カウンセリングと呼ばれるもので、開発的カウンセリ

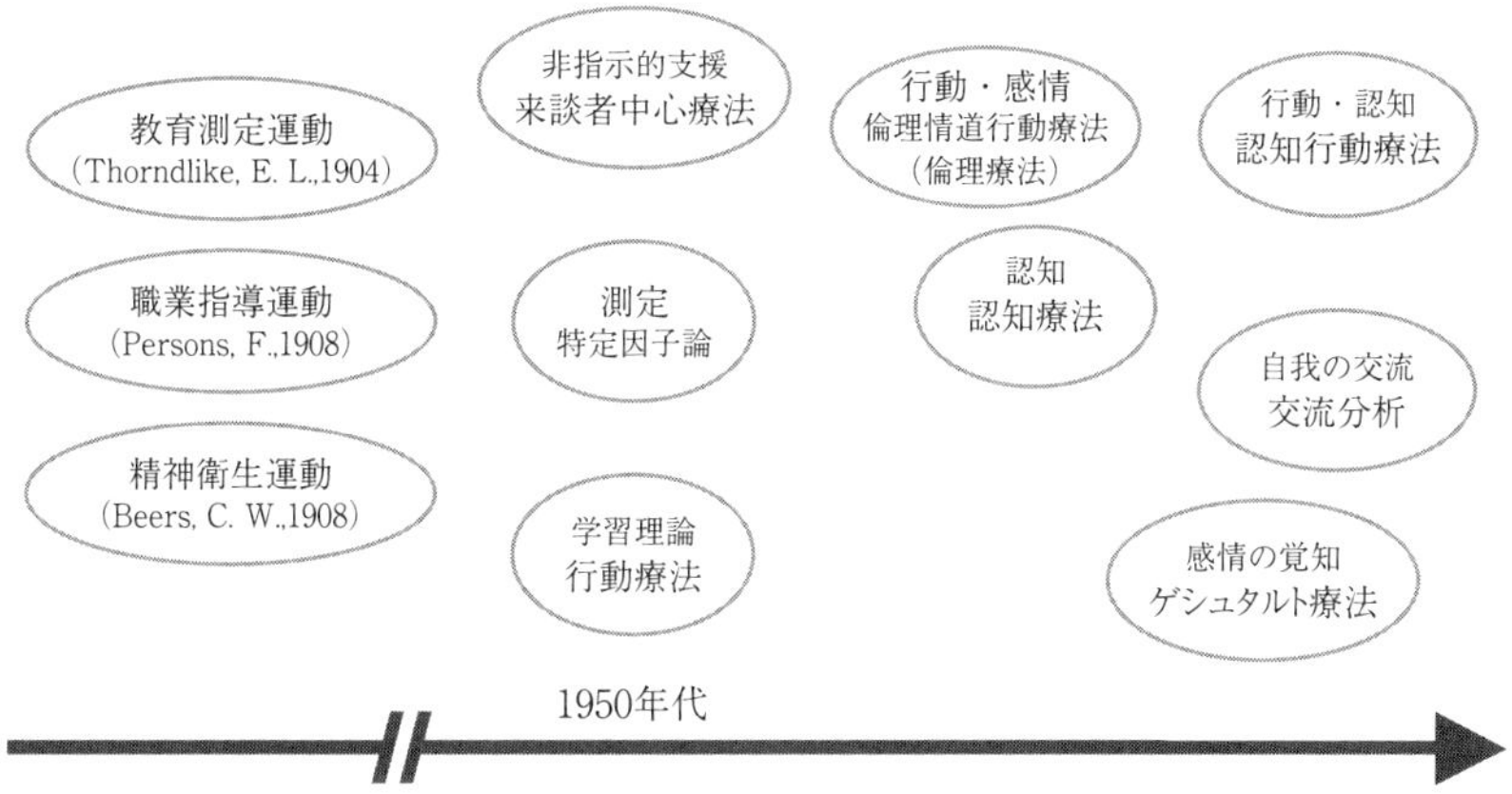

図2－1　カウンセリングの源流と心理療法の展開

出所：楡木［2005］を元に筆者作成。

ングは、自己の成長を促すようなタイプのカウンセリングで、健康な人々も、その対象になり得ます。一方、治療的カウンセリングは、心理・行動的問題や病気（精神疾患）を解決することや症状を軽減することが主な目的となり、多くの場合半健康あるいは病的な人々が対象となります［山蔦・伊藤 近刊予定］。

カウンセリングの歴史を概観すると、その源流として、〝ソーンダイクの教育測定運動（一九〇四）〟、〝パーソンズの職業指導運動（一九〇八）〟、〝ビアーズの精神衛生運動（一九〇八）〟の三つが挙げられます。

教育測定運動では、子どもの知的側面の測定や教育方法の開発によって、より良い教育を実現することが目的となり、職業指導運動は、「丸い穴には丸い釘を」というスローガンのもと、職業適性を測定することで就職支援（現在のキャリアカウンセリング）を行ったものです。また、精神衛生運動はルネッサンスのヒューマニズムやフランス革命の自由平等主義にもとづく〝人間を尊重する風潮〟を受け精神疾患者を人間として扱うことを主張したものです。いずれも、人々の環境適応を主たる目標とした取り組みといえます。また、特に、教育測定運動と職業指導運動では、能力や適性を測定するといったことも特徴として挙げられます。

現代における臨床心理学でも、心理測定の方法論の開発、心理検査の開発や実施は重要な位置づけを占めるものであり、欠かすことのできない専門性です。

以上の三大源流があり、その後、人々の環境適応を促す方法（いわゆるカウンセリングや心理療法）が開発されます。

5　代表的心理療法

一九五〇年代に入ると、カール・ロジャーズによる来談者中心療法やエドムンド・ウィリアムソンによる特性因子論、ジョセフ・ウォルピやハンス・アイゼンクらが中心に展開した行動療法などといった、より体系化された方法が提供されるようになります。こうした心理療法は、その背景に理論が存在し、それらの多くは、一定の手続きや考え方をもつ体系的な方法論としてまとめられています。

臨床現場において、対人支援の専門家として活躍する際、こうした心理療法の成り立ち（理論）と施行法（手続き）を十分理解した上で修得し、多様な支援対象者のニーズに合致した支援を提供することが求められます。

近年、心理療法の施行について、Evidence（証拠）を求める風潮が高まりをみせています。これは、前述の通り、Scientist-Practitioner Model に基づいた支援を推奨する風潮で、「本当に効果がある方法なのか」を重視し、真に効果があると認められる方法を用いた支援を行うこと、あるいは自分自身が支援者として用いる方法が、真に効果的なものかを検証する姿勢が重視されているといったことに他なりません。

6　臨床心理学の科学性

心理学というと文系のイメージが先行し、たとえば、〝心理テスト〟のような、キャッチーなフレーズで説明されることも多いように思えます。しかしながら、心理学や臨床心理学は、文系色豊かな学問ではなく、科学性を重視した客観的な学問です。

客観とは、誰から見ても同様に理解ができる性質を指し、こうした性質が担保される（客観性が高い）と、そこには一般性に言及できる可能性が広がります。一般性に基づき表現されたもののひとつに理論があります。臨床心理学においても、この理論を構築することが重要な任務です。

臨床心理学における理論とはなんでしょうか？　たとえば、ある心理・行動的問題を抱えた支援対象者が存在したとします。そこで、何の知識・技能も蓄積しておらず、これまでの経験だけで支援を行ってきた自己流の専門家がいたとしましょう。自己流であることの是非はさておき、カウンセラーには経験を積むことが求められます。そして、その経験によって、支援対象者の問題解決につながることもあります。一方で、自己流の経験だけでは太刀打ちできない状況もあります。これまでのやり方がうまくフィットせず、問題解決に近づくこともできず、ともすれば状況が悪化することも想定できるといったあまり良くない状況です。

こうした時、役立つものが、一般性が保たれた理論です。言い方をかえると、〝多くの人に共通して適用することができる考え方〟です。こうした理論は、支援対象者を見立てる（対象者の主な訴えや性格や知的側面などの特性、気分や感情などの状態を把握し、問題の成り立ちを考え、支援の方向性を見極める一連のプロセス）時にも役立ちます。

さて、こうした科学的な一般性を確保する際、精度の高い研究法や統計学的手法は、理数系の学問領域のみならず、臨床心理学の世界でも用いられます。

心理学研究法にはさまざまな種類の方法があり、たとえば、質問紙法（調査用紙を用いるなどで数値データを取得する）、実験法（なんらかの介入により、介入前後の変化を測定し、数値データを取得する）、観察法（一定時間における対象者の行動などを観察し、行動の頻度や強度を測定し、数値データを取得する）は代表的な心理学研究法です。また、こうした方法は臨床心理学研究でも用いられる方法です。Evidence を確保することが望まれる今、より最適な研究計画を立案し、実証的な研究を遂行し、理論を構築することも臨床心理学の役割です。

以上のようなことを伝えると、「数学が苦手だから無理」という声もよく上がります。しかし、大丈夫です。数字そのものに拒否反応を示す場合を除き、臨床心理学領域で触れる統計的手法は、数式に触れて、それを理解し、計算をする統計学とは異なります。数量データを取得した後、集計して、SPSSやSASなどといった統計用のソフトウェアで解析します。重要なのは、その結果を適確に読み取り、人間の現実的な現象と照らし合わせて考察するということです。したがって、文系でも理系でも、それにこだわることなく、論理的かつ科学的思考に抵抗を覚えず、生きている人間の一般性を読み解き、より深い理解をしたいというモティベーションがあれば、臨床心理学の学びはとても楽しいものになるといえます。

7　臨床心理学を学ぶとは

学問において、メリット・デメリットについて議論をすることは意味をなさないことかも知れません。しかし、「臨床心理学を学ぶことでどんな良いことがありますか?」という質問を受けることがよくあります。こうした質問には、その背景に「臨床心理学を学ぶことで私は治ることができますか?」といった非常にデリケートな内容が潜在していることがあります。

臨床心理学に対する興味関心は自分自身に対する興味関心とイコールであることも多く、そこでは、「心理・行動的問題を抱える自分自身をどうにかしたい」という気持ちが往々にして含まれているように感じます。しかし、臨床心理学を学ぶことで自分自身の問題が解決することはそれほど多くなく、反対に、自分自身の問題に対する理解が促進されることで、一層苦しさを増してしまうこともあるでしょう。

このようなことをお話しすると、「私は向いていませんね」といわれてしまいそうですが、果たしてそうでしょうか？　今現在、苦しくて日常生活も立ち行かないなどといった場合、時間をかけてでも自分自身の安静を保つ方向へ力を注ぐことは必要です。一方で、自分自身の問題を抱えていない人はいないのではないでしょうか？　こうした中、この問題に〝困らされ過ぎず〟〝振り回されない〟のであれば、臨床心理学を学び、人間の心理・行動的問題を深く理解することは、メリットになるでしょう。そして、臨床心理学の学びにより自分の問題を解決することができないとしても、日常に少しでも活かすことができれば、臨床心理学を学ぶ意義は高いといえます。また、それが職業となり対人支援の専門家として臨床現場で活躍することができれば、とてもすてきな社会を築くお手伝いができるのではないでしょうか。

8　おわりに

本章では、臨床心理学の概要と歴史、臨床心理学の領域で扱われるカウンセリングや心理療法について概観するとともに、臨床心理学の学びについて触れました。臨床心理学を学ぶ際、さまざまな専門性を持った研究者・実践家が存在し、さまざまな考え方が存在します。今回は、特に、証拠を重視する科学者であり実践家である重要性について強調しました。こうした中で、支援を実行する際、生物－心理－社会モデル（bio psycho social model）［Engel 1977］の重要性も示されています。このモデルは、臨床心理的対人支援を実行する上で、心理的側面だけではなく、身体や環境などといった要因を扱う視点をもち関わることが推奨されています。臨床心理学を学び、対人支援を担う専門家は、科学者であり実践家であり、かつ多面的に観察することができる鋭い観察者であることが必要です。

臨床心理学という学びに興味関心を持ち、純粋に学問に打ち込み、その結果として誰かを支援する喜びを感じることができるのであれば、臨床心理学の学びは自身にとっても社会にとっても、価値ある宝物となるでしょう。

（山蔦　圭輔）

引用・参考文献

Engel, G. L. [1977] "The need for a new medical model: A challenge for biomedicine," *Science*, vol. 196, pp. 129–136.

楡木満生［二〇〇五］「第2部1．カウンセリング理論の歴史」松原達哉・楡木満生・澤田富雄・宮城まり子共編『心のケアのためのカウンセリング大事典』培風館。

下山晴彦［二〇一〇］『これからの臨床心理学』東京大学出版会。

山蔦圭輔・伊藤拓［近刊予定］『カウンセリング（健康心理学事典）』丸善出版。

山蔦圭輔・杉山崇［二〇一二］『カウンセリングと援助の実際――医療・学校・産業・行政における心理的支援』北樹出版。

第3章　心理専門職の資格制度

はじめに

この章では心理専門職の資格制度について解説します。「資格制度」そのものについて解説する前に、まずはその前提となる「基本的考え方」について説明しましょう。資格制度については、書店に行けば様々な書籍に書かれていますし、ネットで検索してもすぐに信頼すべき情報にたどり着けます。けれども、その資格の根本となるべき「基本的考え方」については、あまり語られていないのが現状だからです。

1　心理専門職とは

ある摂食障害の少女が言いました。

「私がかかっている病院では、私の病気を見てはくれるけれど、私自身を見てはくれないんです。」と。

それは彼女が筆者の運営するカウンセリングオフィスを訪ねて、最初に発した言葉でした。

これを聞いて、私は思わず「それは本当にそうですよね。ここでは、あなた個人を見ていきますよ。それから、それをこんな風に的確な言葉で言えるあなたは素晴らしいと思いますよ。」と答えました。このやり取りこそ、心理職の本質を表していると言っていいでしょう。このやり取りは医療職（医師や看護師、作業療法士その他）と、心理職の違いをやや誇張した形ではありますが、わかりやすく、しかも当事者の立場から伝えてくれています。

心理職（臨床心理士や公認心理師――以下、本章においては、とくに国家資格に関係する場合以外は、臨床心理士と公認心理師の二つをまとめて「心理職」と呼ぶことにします）は、医療職とも福祉職とも違ういわば「第三の立場」で心の苦しみや問題を当事者と一緒に解決しようとする専門家です。けれども、ここに大きな問題があります。身体の問題ならともかく、そもそも人が人の心の傷つきを癒したり、心の問題を解決することを支援するというのは、どういうことでしょうか？　しかも、そんなことは可能なのでしょうか？　そして、そのようなことを仕事として、国家資格をもって為すということが、はたして本当にできるのでしょうか？

精神科医や心療内科医は薬を処方して、うつ病や統合失調症、心身症を治療しようとします。けれども診断や投薬ができない心理職は、どのように、心の問題を解決するのでしょうか？

心理職は「心で心を癒す」「人と人との関係で心を癒す」専門職とされています。先述したように、医師ではありませんので、診断したり薬を処方したりはしません。また、福祉職ではありませんので、行政や公的扶助などの「制度で人を助ける」ことについては、あまり得意ではありません。

ですので、心理職は「自分の心を使って、相手の心を癒す」「一対一の信頼関係、あるいはグループをうまく形成して、その関係の中で関係を使って心を癒す」「心の問題に対していっしょに真摯な態度で共有することで、これまでとは違った気持ちになって問題に取り組んでもらう」「新しい認識と感情で問題に立ち向かってもらうのを支援する」というものです。

「いや、そんなのなら日常的にあるでしょ」という反論もあるでしょう。それは本当にそうです。これは料理や食事に例えるとわかりやすいかもしれません。医療や福祉におけるサービスを料理や食事にたとえると「特別な成分を含む、特殊な料理」と言えるでしょう。一方、心理職の提供するサービスは「特別な成分を含まないけれど、極めて繊細に心を込めて作った家庭料理」のようなものです。

例えば、筆者のカウンセリングを受けた人が、こう言ってくださる場合が多々あります。「こんなにじっくり話を聴いてもらったのは初めてです」「今まで誰にも話せなかったことを話せて、とってもスッキリしました」と。どちらのタイプの発言も、その人がこれまで家族関係や友人関係に恵まれてさえいれば、日常的に享受できていたもののはずです。そして、カウンセラーとしての筆者も何ら特殊な技法や長時間にわたる労力を使ったわけではなく、五〇分真摯に耳を傾けただけです。これはまさに、料理にたとえると特別な食材や技巧を凝らしたものではなくて、心を込めて作った家庭料理に似ています。

もちろん、これだけで問題が解決するわけではありません。けれども、これまで温かい家庭料理を食べてこなかった人が、それを繰り返し食べることで元気になるかもしれないように、上記のような「ていねいに聴いてもらった」体験を重ねることで、問題への取り組みがこれまでと全く変わることは想像できるのではないでしょうか。

そしてまた、家庭料理の腕達者が必ずそうするであろうように、カウンセラーの筆者も「この人には、もう少し柔らかめの方がよさそうだ」とか「この人はガツンと量も多めでピリ辛がよさそうだ」と、相手に合わせて少しずつ味を変えていくのも似ているかもしれません。さらに家庭料理もカウンセリングもその特殊性が見えにくいので、その大切さや専門性も目立たないという点まで似ているかもしれません。

2　「心の問題」とは

では、心の問題とは何でしょうか?　最も代表的でわかりやすいのは「うつ病」や「統合失調症」でしょう。「うつ病」は、やる気や明るさ、元気さが極端に失われる障害です。また「統合失調症」は幻覚や妄想、あるいは無為自閉（長期にわたって何もせずにひきこもる）などの特徴的な精神症状を呈する精神疾患です。

これらは心の問題というより「心の病」として、場合によっては差別の対象にもされてきました。そして、その差別の反動ともいうべき古くからある誤解に「『心の病』と言われる人たちの方が正常で、『自分は正常だ』と言っている人たちの方が本当は異常なのではないか」というものもあります。けれども、偏見なしにその病気の当事者やご家族に接してみると、彼らの苦しみは計り知れないということもわかるはずです。つまり大切なのは「正常か異常か」という問題ではなく「苦しみをどう減らすか」という問題だということがわかっていただけるはずです。

ただ、事はそう簡単ではありません。例えば「学校を休んでいる」「仕事を頻繁に休む」などについては、ひょっとしたら「あんな厳しい学校に毎日行っているということの方がおかしい」とか、「ああいうブラックな会社を休みたくならない方がおかしい」というのは、ある意味正当で健全な反応かもしれません。さらに「ラッシュアワーの満員電車に乗って毎日会社に行く」という行動は、東京では「正常」なのかもしれませんが、これがオーストラリアやニュージーランドなら全く逆になるかもしれないように「その人が属している社会や文化の中で、一般的とされているかどうか」が基準となることもあります。

さらに、「病はそれを病と呼んだ時に発生する」という考え方もあります。つまり「不登校」はただ学校に行っていないだけであり、「摂食障害」は単なる食へのこだわりが強いだけであるのに、それを病気と呼んで病気扱いするから病気となるという考え方です。これは「学校を長期欠席する」とか「生命に危険があるほど極端にやせていても食べない」というような不都合な行動が生じている場合には、上記のような「病はそれを病と呼んだ時に発生する」というようなある意味のんびりした批判は当たりませんが、「不良少年」や「情緒不安定」などのレッテル貼りに関しては、それはとても当てはまることです。

このようなレッテル貼り（スティグマや偏見・バイアスとも呼ばれます）によって「あなたは不良少年だから」「情緒不安定だから」と差別されたり不当な扱いを受けると、人間はますますその方向に歪んでいってしまうということが生じます。

また、別の視点からは「心の問題はその人本人の問題ではなくて、社会や家族の問題がたまたまその人に集約されているだけなのではないか」という疑問もあります。これは、筆者にはかなり正しい視点であると思われます。それは、先述の満員電車の例を使えば以下のように言えるかもしれません。つまり、満員電車で押しつぶされたり他の乗客の下敷きになったりするのは、まさに満員電車そのものがいけないので、廃止すべきであるということになります。

そのためには、電車が満員にならないように、本数を増やしたり、会社の始業時間をバラバラにしたり、職住接近を実現させたりなど、社会レベル・個人レベルでの解決策がいろいろと考えられます。ただ、それらは簡単にできることではないかも知れません。少なくともそれを実現させるには、かなりの時間と経費がかかるはずです。なので、それまでの間だけでも、押しつぶされない、下敷きにならないために「声を上げる」「奥の方に行きすぎない」「ちょっと押されても押し戻す」などの工夫が必要かもしれません。このように「社会や環境をすぐに変えるのは時間がかかるので、それまでの間だけでも何とかしのぐ方法を一緒に考える」のが心理職の仕事の一部であると言えばわかりやすいかもしれません。

そして、このように工夫して身につけた対処法は、きっと他の問題に対しても有効だろうというのが、基本的な前提となっています。

これらのことは心理学や社会学の根本的な問題に関わる複雑なテーマですが、ここまでで伝えたいことを短くまとめると以下のようになります。

「心の病や苦しみは、正常か異常かという二分法ではなく、程度の問題による連続線上のものと考え、その原因は環境や社会にある場合も多いが、一時的にでもそれをしのぐ方法で苦しみを減らす工夫が必要である」

ただし、臨床心理学には上記のような「工夫しながら何とかしのぐ」以外の独自の領域もあります。その代表が「トラウマ」「恐怖症」「対人関係の問題」といえるでしょう。

3 「トラウマ」「恐怖症」「対人関係の問題」とそれらへの取り組み

前項で少しだけ触れた「統合失調症」や「うつ病」は、カウンセリングだけでは治りにくい精神医学的な疾患と言えます。反対に精神医学的な薬物治療ではうまくいかないものの代表が、この「トラウマ」「恐怖症」「対人関係の問題」です。

「トラウマ」とは、虐待や犯罪や事故などによる深刻な心の傷のことですが、長期にわたる心理的な傷つき（たとえば、親から日常的に否定的な言葉を投げかけられていたなど）も含まれます。また「恐怖症」は不潔恐怖や空間恐怖（閉所恐怖）など、一般的には問題のないレベルの不潔さや閉塞感が怖くて耐えられないという問題です。さらに「対人関係の問題」とは、極度の不信感や見捨てられ不安や敵意によって、親密な関係や信頼関係を継続できないなどの問題です。

これらの問題は、精神医学的な薬物療法ではあまり効果がなく、かといって環境や相手を変えることでは解決されない問題です。そしてさらに「工夫しながら何とかしのぐ」では改善されない問題である場合が多い、心理学的なカウンセリングが不可欠な問題と言っていいでしょう。

トラウマの問題（後遺症）のほとんどは「現実的にはその問題の原因は無くなっているのに、今でも昔の傷つきに苦しんでいる」という意味で、環境調整や社会変革の問題ではありません（もちろん、そのような問題の予防には社会的な取り組みが必要ですが）。さらに恐怖症は「衛生問題や安全問題という合理的なレベルでの恐怖感ではない」という意味で、環境や社会の問題ではありません。「対人関係の問題」も相手が変わっても似たような問題が繰り返される場合は、本人の問題だと言わざるを得ません。

これは先ほどの満員電車の喩えでいえば、「満員電車でひどい目にあったら、普通の電車にも乗れなくなってしまった」とか「自分と違って毎日電車通勤できている他の人とも会う気がしなくなってきた」などの問題に喩えられるでしょう。

これらの問題に対して、心理職はまずは十分に傾聴し、共感しながら、問題の本質をアセスメントし、本格的な継続カウンセリグに導入することになります。そして「問題の共有と明確化」「カウンセリング場面でその恐怖感をマイルドに再体験して、それを乗り越える体験を繰り返す」「カウンセラーとともに、その体験を繰り返すことによって、次第に一人でもその問題に向き合えるようになっていく」「その問題に対して、これまでと違う形で反応できるようになっていく」という経験を積み重ねていきます。

これらの経験により「トラウマ場面はすでに過去のものだ」と実感できたり、「恐怖対象はもう気にしなくてよい」「人への不信感や見捨てられ不安、敵意はもう手放していい」と心の底から思えるようになって、その問題は解決するのです。

4　心理職の仕事の曖昧さと学びの大切さ

これまで述べてきたところから、すでにおわかりのことかと思いますが、心理職の仕事はとても曖昧です。筆者自身もこれまでも「こんな風にただお話ししているだけで良くなるんですか?」と来談者ご本人に聞かれたこともありますし、来談者のご家族から「雑談してるだけでしょ?」と言われたこともあります。そしてそのような時の説明にはいつも難渋します。実にあいまいで外側からはわかりにくい仕事だからです。

本章の前半部分で書いたように心理職の提供するサービスは「特別な成分を含まないけれど、極めて繊細に心を込めて作った家庭料理」のようなものなので、一般の人には、「ただの普通のごはん」と思われることも多いのです。そういったあいまいさに由来する誤解を解いて、さらに専門性を発揮するためには、常に自分を振り返り、身近で日常的なところから奥深い専門的なことまで自分を磨き続ける必要があります。また、目の前の来談者から学ぶ姿勢と世界の最先端の情報を学び続ける姿勢の両方が必要です。そして、このように生涯学び続けることこそが、とても楽しくやりがいのあることですし、それを楽しいと感じられる人だけが目指すべき仕事であると言っていいでしょう。

5　臨床心理士と公認心理師

では、実際の心理職の資格にはどのようなものがあるのでしょうか。この心理職の世界で、最も信頼されているレベルの高い資格は公認心理師と臨床心理士です。それ以外の〇〇カウンセラーといった資格は、この二つに比べるとかなりレベルの低いものとなっていますので、心理職を本業とする場合には、この二つのどちらかあるいは両方を取るのがいいでしょう。

公認心理師と臨床心理士（民間の認定資格）とはどう違うのでしょうか？　まず公認心理師は国家資格であり、大学一年生から心理学を学んで、ほとんどの場合は大学院に行かないといけないという、原則六年間の専門教育を受けて初めて受験資格が発生するというものです（ただし二〇二二年までは経過措置として現在心理職に就いている人が、受験資格を得られる道があります）。この専門教育の長さは、医師や薬剤師と同等のものです。

一方臨床心理士は学部では何を学んでいてもよくて、臨床心理士指定大学院に進学して、そこを修了すれば受験資格が取れます。ただし、臨床心理士は公認心理師と違って、試験に面接試験がある点や、五年ごとの更新制度があって、その間一定の研修ポイントを貯めておかないといけないという厳しさがあります。

公認心理師は厳密には、四年制の大学や同じく四年制の専門学校の心理学科で所定の単位を修得して卒業し、その後、認定された研修プログラムを備える実務機関で二～三年働くと受験資格が得られる道もあります。けれども、このような実務機関は二〇一九年五月現在、全国で五カ所しかありませんので、あまり現実的ではありません。

その意味では、やはり公認心理師も臨床心理士と同様に大学院を出るのが一番近道と言っていいでしょう。ただし、公認心理師の場合は、学部でも心理学を勉強していないといけない、そしてそれは科目履修生などではだめで正課の授業で取らなくてはいけないということに注意が必要です。

6　心の専門家に資格は本当に必要なのか？

今から三〇年余り前、「臨床心理士」という民間資格ができました。それは、当時すでに何種類かあった〇〇カウンセラーという資格とは全く違って、大学院を出ないと受験資格そのものがないというとてもレベルの高い資格でした。そして、その資格に関しては当時各界から様々な批判も出ていました。それは同じ分野であるはずの心理学の別の団体から、そして宗教界からも、さらには一般人に至るレベルまで、筆者に対しても直接間接に届きました。

それらの批判は、大まかに分けると以下のように分類されます。

① 患者・病者とともにあるべき心理職が、資格を持つという形で特権的な地位を得てはいけない。
② 臨床心理学を学んだ者だけが、心理学の実践者ではない。
③ これまで宗教関係者等が主に心の問題に携わってきたのに、それを臨床心理士だけが独占するのは大変な問題だ。
④ 例えば三〇歳前の若造が「心の問題の専門家です」などと、人生の先輩に向かって偉そうなことを言ってほしくない。

これらは、いくつかの誤解を含んではいるものの、現在でも肝に銘じなくてはならない批判だと思っています。民間資格の臨床心理士ですらこのようなことが危惧され批判されるのですから、国家資格となった公認心理師はなおさらのことです。

ここに含まれている誤解とは「名称独占」と「業務独占」に関するものです。心理職は臨床心理士であれ公認心理師であれ、その資格を持たない人が、その名称を名乗ることは許されません。これを「名称独占」といいます。反対に、資格を持たない人が同様の業務をすることは、何ら禁じられていません。これは「業務独占ではない」といいます。医師や薬剤師は、その資格保持者以外は名称を用いることも業務をすることも禁じられているので「名称独占かつ業務独占」の資格となります。

心理職はこのように業務独占ではないので、上記の②③のように他の専門家を排除するものではありません。その意味で②③は全くの誤解といっていいでしょう。けれども、そこには①や④と同様に、これからの心理職が「謙虚さ」と「誠実さ」を持ち続けなければならないということを痛感させてくれる誤解でもあります。つまり、臨床心理士や公認心理師だけが心の専門家ではないということをゆめゆめ忘れてはならないのです。

①と④は、「権威」の問題です。有資格者がその資格を持つことで権威を身に着けるとしたら、それはさまざまな弊害を生みます。心理職という非常にプライベートな領域に関わる職種が権威を持つことは、何よりも避けなくてはならないことです。心理職の持つ専門性は、あくまでも「専門家としての誠実さと真摯に学び続ける態度」としての専門性だと理解する必要があります。

7　資格を取れば、就職できるのか？

結論から言いましょう。現在では、間違いなく就職できます。数年前のテレビドラマで「臨床心理士を取ったけれど仕事がないので、家事代行の仕事をしている」という主人公が話題になりましたが、それはとても例外的か本人に何らかの問題がある場合しかありえません。

総合病院や精神科病院の心理職として、あるいは市区町村の教育相談室のカウンセラーとしての就職はかなりあります。精神科クリニックや心療内科のクリニックでの非常勤心理職もかなりあります。一般に医療職は給料は安く、教育相談室やスクールカウンセラーは、時給が高めです。ただし、教育関連はそのほとんどが非常勤職なため、ボーナスや社会保険、産休・育休などの制度は不十分です。

心理職は専門職ですので、始めから一カ所に常勤で勤めるというよりは、何カ所かを非常勤で経験してから、自分に最も合った、待遇もいい職場の常勤職になるというのが理想的なプロセスです。

（福島　哲夫）

引用・参考文献

福島哲夫［二〇一九］『マンガでやさしくわかる公認心理師』日本能率協会。
福島哲夫責任編集［二〇一八］『公認心理師必携テキスト』学研メディカル秀潤社。

第4章　カウンセラーとして働く

はじめに

カウンセラーは日々どのような仕事をしているのでしょうか。そしてどのようなところで働いているのでしょうか。多くの方が学校のスクールカウンセラーを知っていることでしょう。でもスクールカウンセリングは、私たちの仕事の一部にすぎません。学校以外にどのような職場があって、カウンセラーが実際にはどのような仕事をしているのかはあまり知られていません。医師や看護師、教師ですと、それぞれの仕事の内容や職場のイメージが皆さんの中にあると思います。ですがカウンセラーは、知名度の高さに比べて、具体的な業務内容の知名度が低いようです。そこで本章ではまず、カウンセラーの仕事と職場を紹介します。そして、カウンセラーとして働くとはどういうことなのか、どのようにキャリアを形成していくのか、さらにカウンセラーとして働き続けるために大切なことをお伝えします。

1　カウンセラーの仕事

カウンセラーの仕事といえばまずカウンセリングや心理テストを思い浮かべることでしょう。表４‐１にあるように仕事は多岐に渡りますが、ここではどの職場でも行われている四つの主な業務を紹介しましょう。

①　**アセスメント**――心理アセスメントとも言います。クライエントさんの心理的課題や問題点を見極めて援助の方針を決める仕事です。最も有名なものは心理テストです。アンケート形式の心理テストや、絵を描いたりする描画テスト、知能テストや認知機能のテストなどもあります。いずれも科学的な根拠に基づいて行われているテストです。インターネットや雑誌などで暇つぶしや話題作りに行うような科学的根拠の怪しい相性占いや性格診断などとは異なります。心理テストの道具は、厳密に管理されており、カウンセラーや医師などの専門職でないと入手できません。

②　**カウンセリング**――カウンセラーの仕事の中核になるものがカウンセリングです。主に言葉やイメージ（子どもの場合は遊び）によるやりとりによって、クライエントの悩みや苦しみ、生きづらさを低減、解消しようとする方法です。クライエントが困っている症状や問題行動を改善したり、人としての成長を目指したりします。時に非常に長い時間がかかることもあ

表4－1　日常語で示したカウンセラーの仕事と各資格の業務の対応表

日常語で示した カウンセラーの仕事	法で定められた公認心理師の業務	臨床心理士の業務
①　アセスメント	①　心理に関する支援を要する者の心理状態の観察、その結果の分析	①　臨床心理査定
②　カウンセリング	②　心理に関する支援を要する者に対する、その心理に関する相談及び助言、指導その他の援助	②　臨床心理面接
③　コンサルテーション	③　心理に関する支援を要する者の関係者に対する相談及び助言、指導その他の援助	③　臨床心理的地域援助
④　教育と研究	④　心の健康に関する知識の普及を図るための教育及び情報の提供 ＊右の調査・研究に該当する業務は公認心理法に定められていません。	④　上記①～③に関する調査・研究

りますが、カウンセラーはクライエントが自身の在りようを再発見し、その結果、自分らしく生きいきと生活できるようになるプロセスの同伴者として支援します。クライエントは赤ちゃんからお年寄りまで幅広く、また一個人の場合もありますし、カップルや家族全員の時もあります。

③　**コンサルテーション**——家族・担任の先生・職場の上司などクライエントの関係者に、支援に必要な助言をする仕事です。クライエントを取り巻く周囲の人がクライエントを理解することで、クライエントとの関わり方に変化が生じたり、クライエントの環境を調整したりする仕事です。

④　**教育と研究**——以上三つの業務の質を保ち、より良いカウンセラーであり続け

るために研究は欠かせません。そして臨床経験や研究に基づいたこころに関する専門知識を教育することも私たちカウンセラーの仕事です。前章にもありましたように、学び続けることがカウンセラーに不可欠なのです。

2　どんなところで働いているのか

カウンセラーが働いている職場は、大別すると、①保健医療、②福祉、③教育、④司法・犯罪、⑤産業・労働そして、⑥プライベートオフィス（カウンセラーが開業している相談室）の六分野になります。公認心理師はまだ資格ができたばかりなので分野も職場も明確になっていません。そこで、日本臨床心理士会の情報などを元に筆者らが作成した主な職場の一覧表を挙げておきます。

皆さんがよく知っている職場もあれば、初めて聞くような職場もあることでしょう。こんなところにもカウンセラーがいるのか、と驚くような職場もあると思います。私たちカウンセラーの仕事はどちらかというと黒子に徹する隙間産業ですので、いろいろな場所で働いていても目立たないところがあるのです。

医療と産業の職場については、次の第5章に詳しいことが書かれていますので、ここでは大妻女子大学にある心理相談センターを紹介しましょう。心理相談センターは地域住民のこころのサポートを行うカウンセリング施設です、また最新の臨床研究をしつつ、カウンセラーの訓練生を

表4－2　公認心理師の活躍が期待される主な職場

分野	具体例
保健医療	総合病院、精神科病院、精神科クリニック、心療内科、小児科、産婦人科、精神保健福祉センター、保健所、保健センター、リハビリテーションセンター、認知症疾患医療センター、緩和ケア病棟など
福祉	児童相談所、家庭児童相談室、児童家庭支援センター、子育て支援センター、児童館、保育所、母子生活支援施設、乳児院、児童養護施設、児童心理治療施設、児童自立支援施設、身体障害者社会参加支援施設、障害福祉サービス事業所、養護老人ホームなど
教育	小・中、高等学校のスクールカウンセリング・教育相談所、教育支援センター、適応指導教室、予備校、大学学生相談室など
司法・犯罪	警察、家庭裁判所、少年鑑別所、少年院、刑務所、保護観察所など
産業・労働	企業内相談室、外部従業員支援プログラム機関、地域障害者職業センター、自衛隊など

出典：日本心理臨床学会広報委員・編集委員［2018］。

教育する機能も持っています。ですので、分野でいうと教育とプライベートオフィス、両方にまたがる施設です。

二〇一九年四月時点で、一六人の臨床心理士・公認心理師がカウンセリング業務を行っており、一五名の訓練生が実習をしています。毎年、延べ一〇〇〇回を優に超える相談を受けています。

本学の場合、学部で四年間心理学を勉強して卒業し、大学院に合格して半年経つと、心理相談センターの訓練生になることができます。大妻女子大学のカウンセリング教育の特長なのですが、大学院修士課程二年間を修了した後、少なくとも一年は心理相談センターの訓練生として在籍し、カウンセラーとしての基礎トレーニングを継続することになっています。例えば、週五日は就職先の精神科病院に勤務して、毎週土曜日は心理相談センターでトレーニングを続ける生活をする、といった具合です。

私たち教員は院生にかなり過酷な卒後教育を義務化していることになるのですが、将来、実践力のあるカウンセラーとしてしっかりと働いてもらうために必要なことと考えています。ちなみに訓練を受ける費用は年間五万円です。カウンセリングの実習を毎週続けることができ、しかもスーパービジョンと呼ばれるマンツーマン指導を一年間受けることができるのです（ちなみに一般的なスーパービジョンは一回一時間で一万円前後です）。この安さは訓練生にとって他に類を見ない魅力でしょうが、経済的観点からすると大妻七不思議の一つでもあります。これは、大妻女子大学がカウンセラー養成に、お金に換算できない価値と意義があると考えているからなのです。

3　カウンセラーとして働くことについて

カウンセラーとして働くことをどう表現して皆さんにお伝えしたらよいのか、とても難しく、迷いがあります。私のキャリアは二〇年以上ですが、まだまだ未熟で発展途上にあると思うからです。訓練生だった昔に比べると相当に上達したようにも思いますが、新しく出会うクライエントさんのカウンセリングがこれまでになく難しく感じることもしばしばです。業務の中核にあるカウンセリングはその支援の本質に形がないことも難しく感じる要因の一つです。手術の成功率が高くなるとか、採血の手順がスムーズになるとか、目に見えて上達がわかるような形が無いのです。唯一の例外が心理テストです。心理テストを行う手順は確かに上達し、結果を分析するアセスメントの力もつきましたが、カウンセリングを行うとやはり難しい。たとえばこういうことです。

ある大学生が抑うつ状態に陥り、授業に出られなくなり、単位を落として留年したことをきっかけに大学の学生相談室に来たとしましょう。カウンセラーは当初、大学生の訴えに応じて抑うつ状態と留年という症状と学業の問題の軽減や解消に向けて支援をします。その後、症状が落ち着き、学業が順調になった段階で、学生の症状や問題の背景にあった潜在的なそして青年期的な課題が浮かび上がることがあります。その学生は、なぜ私はこの学問を学んでいるのか、将来、どのような人間になろうとしているのか、これまでの自分の進路選択は本当に自分自身の意思であったのだろうか、親の敷いたレールに従って来ただけではないか、だとすると私という人間は一体何者であり何者になろうとしているのか、といったいわゆるアイデンティティや実存にかかわる課題です。このような場合、カウンセラーが、クライエントの問題の解決策を発見し、教え導いて治すのではありません。クライエントが自らを再発見し、自ら治っていく。これまでの生い立ちや家族の課題などを自分のこととして受け入れ、それらと共に生きていくまでのプロセスを、私たちは共感しつつも同情せずに、傍らで待ち続けるのです。そのプロセスがいつも難しい。どうしても私たちカウンセラーは、相手の役に立つ存在でありたいですし、クライエントを教え導きたくなったり、有能であることを示したくなることがあります。このような自分の虚栄心や何もできないまま見守るしかない無力感とつき合いきれないと、極端に言えばクライエントの人生をコントロールできるという誤った万能感に浸ってしまうのです。

カウンセラーは自分自身が支援の道具であり、自分が内省できる深みの程度までしかクライエントさんの支援ができない、だから自分を磨きなさい、と私は教わりました。そのとおりだと思います。ですので、いつまでたってもゴールがなく、発展途上のままである曖昧な自分、葛藤を常に抱えて悩み続けている自分と向き合い続けることがカウンセラーとして働くことなのかな、というのがこの二〇年の実感です。だからこそ、新しく出会う方を難しいと感じることができるのは、もしかすると自分の内省の深みが増して次のステージにトライしているからかも知れない、とも思うのです。私たちの業界をリードし続けた故河合隼雄先生はこの仕事を「苦楽しい《くるたのしい》」と表現しておられました。カウンセラーとして働くことを言い得て妙です。

4　キャリアを形成していくには

私は大学を卒業した後すぐに物流関係の会社に就職しました。入社五年目、結婚もしたばかりで仕事も順調だったのですが、三〇歳を目前にしてこのまま一生会社員をするかどうか、非常に迷い悩んでしまいました。大学時代にやり残したことが何かあるという思いが抜けず、本気で勉強しなかったことへの後悔が強かったのです。大学入学の直前に家計を支えていた私の母親が急死したため、大学時代がかなりの混乱の時期だったという背景がありました。迷った末に、会社を辞めて臨床心理士になるために大学院に入学しました。大学院修士課程一年目の時は既に三〇歳になっていました。働くことが本章のテーマなのでお金の話が続くのですが、辞める前の収入はそこそこありました。ですが、大学院生になり急に収入ゼロ、いや学費が出ていくので、毎年赤字の生活になったのです。会社員時代の貯金を切り崩して妻がやりくりしてくれました。ありがたいことに、妻の実家から頻繁に米や野菜が届くようになりました。

お金がなかったので、大学院生になってからはひたすら働きました。大学院の先生方から依頼があった仕事はすべて受ける方針にして、専門学校の講師、教授陣の研究の補助、不登校のお子さんの家への訪問カウンセリング、適応指導教室、大学学生相談室、総合病院精神科、学会事務局の手伝いなど、なんでもやりました。いずれも週一から二日の非常勤職でしたが多いときには週に何カ所も掛け持ち勤務していました（表4－3）。毎日何人もの方のカウンセリングをし、心理テストを行い、医師や教師と連携しながらクライエントの支援をし続ける臨床三昧の毎日でした（常勤職と時代と合わせて参考までに表にしました）。

仕事が終わるとスーパービジョンを受け、研究会に参加し、帰宅すると論文書きをしていたのです。これは長年お世話になっていて尊敬している指導教員を真似ようとした生活でした。先生は私の数倍働いていて、どうやっても真似することはできませんでしたが……バスケを始めたば

表４－３　非常勤職時代の１週間の働き方

	月曜日	火曜日	水曜日	木曜日	金曜日	土曜日	日曜日
午前	自由時間	総合病院	個人 SV*	専門学校 講義	B大学 学生相談室	C大学 学生相談室	休み
午後	A大学 学生相談室		大学院 臨床研究	A大学 学生相談室		自由時間	
夜間	グループSV*	専門学校 学生相談室		大学院 臨床研究	自由時間	研究会	

注：SV はスーパービジョンの略でベテランカウンセラーからの指導を受けることです。個人とグループがあります。

かりの小学生が、ＮＢＡ選手の華麗なプレイを真似したつもりになっているようなものでした。が、当時の私は日々新しい学びがあり、何かいつも上達しているような思いも（今思うと完全な思い上がりですが）、やりがいもあり、楽しく充実していました。

そして、会社員をやめて一〇年後、臨床心理士資格を取って五年後の三〇代後半くらいには常勤職につくことができ、やっとかつて若手会社員だったころの収入に戻りました。面白半分、怖さ半分で、もしあの時、辞表を出さずにずっと会社員だったら受け取っていたはずの給料は……と恐る恐る計算したら、うん千万円にもなっていました（機会損失というそうです）。計算した用紙をそっとシュレッダーにかけました。私自身は夢中だったので当時はわからなかったのですが、今振り返るとかなりの時間とお金を投資してキャリア形成をしていたことになります。しかしお金や時間に換算できない経験を得ることができました。

そして何よりもこの転職とキャリア形成のプロセスは、私

表4－4　常勤職になってからの1週間の働き方

	月曜日	火曜日	水曜日	木曜日	金曜日	土曜日	日曜日
午前	大学心理相談センター事務作業	総合病院	大学心理相談センター カウンセリング	大学心理相談センター事務作業	大学心理相談センター カウンセリング	大学心理相談センター カウンセリング	休み
午後				大学心理相談センター会議 カンファレンス*			
夜間	グループSV	専門学校 学生相談室	個人SV	自由時間	自由時間	研究会	

注：カンファレンスは大学院生が実習で実施したカウンセリングについて複数の臨床教員から指導を受ける授業です。

が一八歳の時に母を亡くしたことに対する反応（専門的には遅れてきた対象喪失反応とか喪の作業などと言います）であったことに気づいたのです。

このようにきた仕事をひたすら受けて、次の仕事に繋げていく、そうすると、前より条件の良い仕事が紹介される、といった一〇年を過ごし、いつしか私はスペシャリストというよりは、ジェネラリストの道を歩んでいました。お世話になった先生方のおかげで最終的に大妻の心理相談センターの専任カウンセラーになり、今は大学教員をしているのですが、上記のような無茶な働き方から体調を崩したりすることもしばしばありました。遅れてきた対象喪失反応としての無茶な働き方であったことへの気づきがなく、道具であるところの自分自身のケアを怠っていたからです。

私の場合は悪例ですので反面教師にしていただきたいのですけれども、私たちが最近行った女性の心理臨床家のキャリア形成に関するインタビュー調査からわかったことは以下の点でした［古田・香月他 二〇一五、香月・古田他 二〇一七］。

カウンセラーに興味がある方の参考になることでしょう。

多くのカウンセラーは大学院の教員の紹介で職場を選択しています。そして働き始めの二、三年間は、紹介者である教員や職場の期待のもとカウンセラーとして努力しつつも、臨床現場の様々な困難に遭遇し深く悩むことで、自分の能力の限界を自覚し奮闘している時期と言えます。この時期は収入が少ないという困難はあっても心理臨床の楽しさがそれを勝るようです。そしてカウンセラーとしての職業アイデンティティが確立する大事な時期にもなっています。アイデンティティが確立すると、仕事ぶりが変化します。たとえば、職場の上司や組織に対して意見したり、わからないことをわからないと言える、といった専門職としての自己主張ができるようになります。自信がないとわからないと言えないのですね。

働き始めのころは独り立ちが不安で、就職先から離れ難かったようですが、専門家としての自信が育ち、キャリアアップと生活の向上のために転職を自ら決断し実行できるようになっていきます。これが就職後四年目から七年目くらいの時期、ちょうど、二〇歳代後半から三〇歳代前半にあたります。カウンセラー各人の興味に応じて、収入の安定や専門家としてのスキルアップを目指して自主的に転職するようになります。常勤職からあえて非常勤職に転職する人も少なくありません。専門家として臨床活動の場を広げる方向と、自らの専門性の深化を図る二つの方向に進んでいくようです。しかし、このキャリアアップと同時にカウンセラーとしての在り方やたとえば結婚や出産、育児なども含めたプライベートの領域も含むキャリア形成、すなわち人生の展望への迷いが新たに生じるというプロセスをたどっていました。言い換えると、働き始めてから七年くらいはカウンセラーとしての仕事に夢中で、仕事中心のキャリア観だったものが、仕事に自信がつくと、プライベートの領域もキャリア観に影響していくとまとめることができます。

5　働き続けるために大切なこと——未来のカウンセラーへのメッセージ

さて苦しくも楽しい、そして自分が問われるカウンセラーの仕事ですが、働き続けるために大切なことを、未来のカウンセラーさんへのメッセージとして最後にお伝えしたいと思います。

カウンセラーは黒子で隙間産業と申しましたが、職場にカウンセラーが一人だけということも多く、臨床現場では孤独な立場に置かれることが多くあります。また、仕事をするうえで、やっかいな自分のこころと向き合う大変さもあります。自分のこころほど関心もあるけれども、奥底は見たくないものもありません。もちろん、自分が悩んできたこと、黒歴史というのでしょうか、それもしっかりと内省し理解できると、その経験がクライエントさんを支援する上で活きるという大きな魅力があります。ですが未解決の悩みは支援の邪魔にもなる諸刃の剣です。これを専門的には逆転移の問題と言います。

お金の問題ももちろん生きていくうえで大切です。最初は安月給の時もあり、働いた日の夜に個人スーパービジョンを受けると、日給が一瞬で消えることもしばしばです。しかし、自分への

表4－5　大学院修了から10年目までのキャリア形成の例

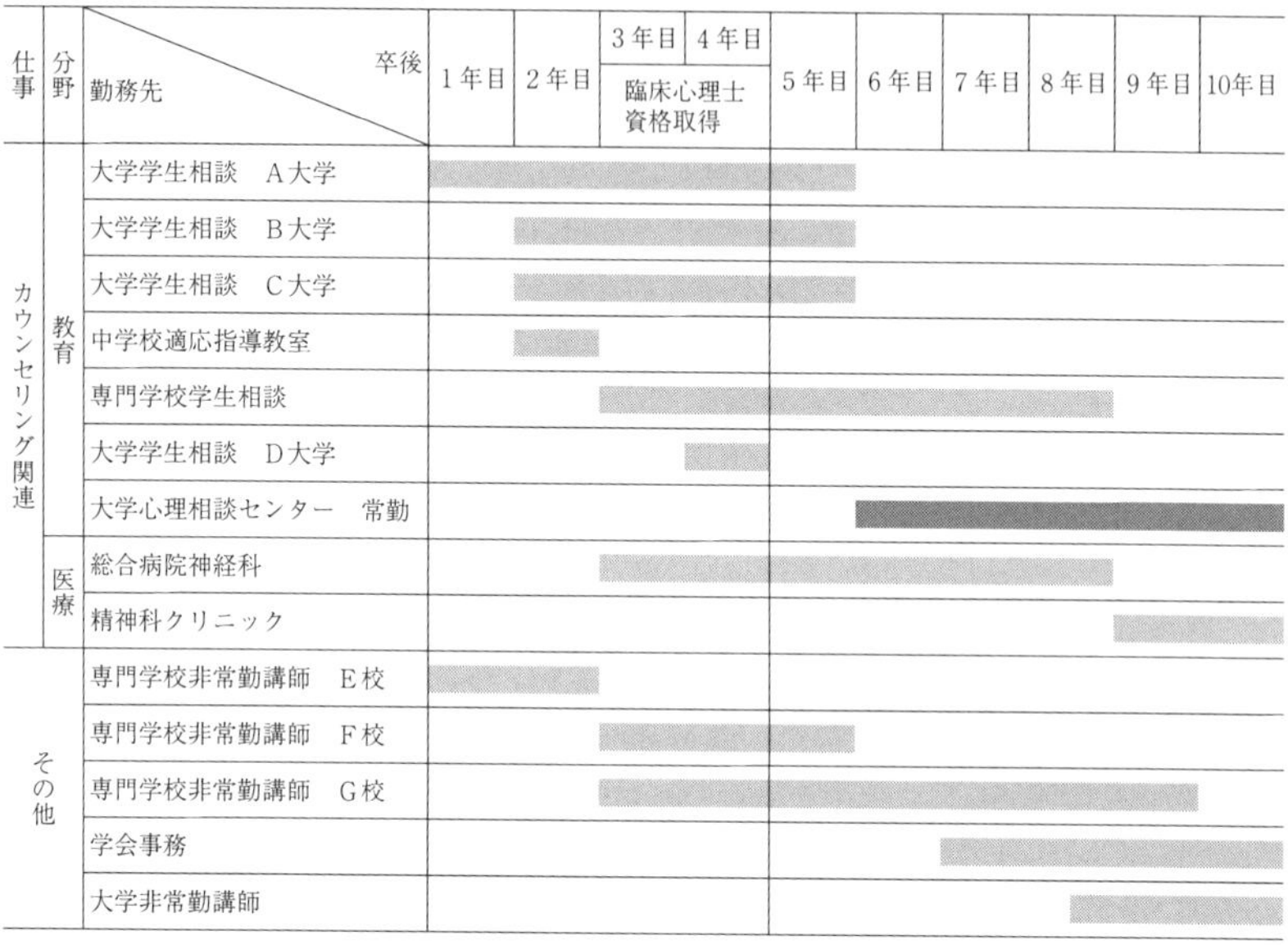
仕事
分野
勤務先
卒後
1年目
2年目
3年目
4年目
臨床心理士資格取得
5年目
6年目
7年目
8年目
9年目
10年目
カウンセリング関連
教育
大学学生相談　A大学
大学学生相談　B大学
大学学生相談　C大学
中学校適応指導教室
専門学校学生相談
大学学生相談　D大学
大学心理相談センター　常勤
医療
総合病院神経科
精神科クリニック
その他
専門学校非常勤講師　E校
専門学校非常勤講師　F校
専門学校非常勤講師　G校
学会事務
大学非常勤講師

投資をし、実力をつければ、しっかりとそれに見合う収入は得られ、もちろんやりがいもある仕事です。

どのような職場でどのようなクライエントさんに対しても一定程度の質を保ったカウンセリングができるためには研修が必要になります。指導を受ける尊敬できる先生も必要です。職場に複数のカウンセラーがいて、一緒に研修したり、職場でスーパーバイザーを招くような公務員の心理職や相当恵まれた職場でないと、自分で研修先やスーパーバイザーを探さなくてはなりません。そこで必要なのがカウンセラーとしての仲間です。研修やスーパービジョンが公式な研修だとすると、仲間同士でお互いの仕事の困難さや工夫を共有し、仕事のストレスを発散するような関係が持てることは非公式な研修とも言える大切な機会になります。例えると、カウンセラー仲間でチームを組む感じでしょうか。あなた自身は、精神科病院の常勤で大人を対象としたカウンセリングや心理テストなどが得意だとします、そこに、子どもの発達に詳しい仲間や、スクールカウンセラーをしていて思春期・青年期のカウンセリングが得意な人、福祉分野の仲間で行政や法律に詳しい仲間がいるといい勉強になります。また学究肌で、学会の最近の研究動向や海外の文献に詳しい仲間などもいると何倍も勉強になりますし、皆さんの経験値が上がります。時には飲み会を設定するのが得意な人や、地方で行われる学会の時に観光名所を調べるのが得意な人がいてもいいでしょう。

私の仲間で二〇年来一緒に研究会に参加しているあるカウンセラーは、このようなチームをロールプレイングゲームの「パーティー」に例えて内輪だけの学会には出さない論文として発表してくれたことがありました。攻撃力が高い「戦士」や防御力が高い「勇者」、回復系呪文が得意な「魔法使い」、いろんなアイテムを入手できる「商人」、一見役に立たないけれども大事なところで力を発揮する「遊び人」など、パーティーに特徴のあるメンバーが揃うと冒険が成功するといった感じです。メンバーがみんな個性的であり、パーティーを組んで難敵を倒しながらレベルアップしていくというパロディ論文で、とても興味深い内容でした。どこかで発表して欲しいと何度もお願いしたのですが、残念ながら実現していません。

閑話休題。

ここまで述べましたようにカウンセラーとして働くことは、社会の一員として仕事をし、収入を得て、生活を成り立たせる外的な側面と、「私のこころ」という厄介だけど一生付き合うしかなく、しかもとっても興味深い内的な側面とに同時に付き合うプロセスと言えるでしょう。しかし、信頼できる仲間と一緒ならば、決して孤独なプロセスではなく、苦しくも楽しい魅力的なプロセスであると言えるでしょう。

（古田　雅明）

引用・参考文献

日本心理臨床学会広報委員・編集委員〔二〇一八〕『公認心理師Q＆A　心理臨床の広場』第一一（一）、一四～一八頁。

古田雅明・香月菜々子他〔二〇一五〕「臨床心理士のキャリア形成に関する基礎研究(2)――インタビュー調査の質的検討」『大妻女子大学心理相談センター紀要』第一二巻、一～一四頁。

香月菜々子・古田雅明他〔二〇一七〕「臨床心理士のキャリア形成に関する基礎研究(3)――グループインタビューの内容分析」日本心理臨床学会第三六回大会。

お薦め参考文献

香月菜々子・古田雅明〔二〇一九〕『キャンパスライフサポートブック』ミネルヴァ書房。

第5章　医療と産業の現場で働くということ

1　医療領域における心理職の役割

(1) 医療領域における心理職の位置づけ

病院や診療所などの医療機関には多くの心理職が働いています。心理職のもっとも代表的な資格である臨床心理士の勤務領域をみますと、医療・保健領域が四三二二人（四一・九％）と最も多くなっています［日本臨床心理士会 二〇一六］。そして心理職が国家資格化したことで大きな影響を受け、勤務者が増加するのが医療領域ではないかと思っています。

まず、簡単に医療のしくみを解説します。医療機関での診療についてはすべての医療行為について料金と医療の内容が決められています。これを診療報酬といいます。一点一〇円で、たとえば胸部X線検査二八七点（二八七〇円）、心電図一三〇点（一三〇〇円）、尿検査二六点（二六〇円）などと細かく決められています。日本ではほとんどが保険診療ですので、皆さんは治療にかかった費用の三割を支払うことになります。

診療報酬制度では、これまでは心理に関する専門職として心理に関する専門課程を修了した者等を「臨床心理技術者」として診療報酬が算定されていました。

臨床心理技術者がどのように診療報酬上で規定されているか例をあげますと、「摂食障害入院医療管理加算」という診療報酬があり、二〇〇点（二〇〇〇円）となっています。算定できる基準として、「医療機関に摂食障害の専門的治療の経験を有する常勤の医師、管理栄養士及び臨床心理技術者がそれぞれ一名以上」とされています。

同様に「臨床心理技術者」の記載がある診療報酬として、「精神科リエゾンチーム加算」、「児童・思春期精神科入院医療管理料」、「通院・在宅精神療法　児童・思春期精神科専門管理加算」などがあります。

ここでいう臨床心理技術者とは、臨床心理士だけではなく、一定の教育を受けた心理職全般を対象にしています。二〇〇五年の医療観察法の施行に伴い、厚生労働省の省令で「心理学に関する専門的知識及び技術により心理に関する相談に応じ、助言、指導その他の援助を行う能力を有すると認められる者」として臨床心理技術者が定義されました。

今回の公認心理師制度により、二〇一八（平成三〇）年度以降、診療報酬上の心理職の評価を公認心理師に統一することになりました。別の言い方をすると、これから医療機関で心理職として働くには公認心理師の資格が絶対に必要になったということです。

次に、これまで診療報酬上の要件に心理職が入っていないものについても、今回の国家資格化により追加されていく可能性があります。例をあげますと、「精神科訪問看護の主な診療報酬」の要件は、保健師、看護師、作業療法士又は精神保健福祉士となっています。同様に「精神科退院指導料」の要件は、精神科医、看護師、作業療法士、精神保健福祉士が共同する。」となっています。これに将来公認心理師が加わることになるかもしれません。

また「認知療法・認知行動療法」の要件は、現在、「医師による場合」か「医師及び看護師が共同して行う場合」となっていますが、これに公認心理師が加わることもあるかもしれません。いずれにしてもこれまでの心理職は民間資格であったために、法に規定されない立場では診療報酬の枠組みにも入れづらく、治療に心理職が必要な状況でも、雇用することが難しかったこともありましたが、今回の国家資格化により、ようやく解消されることが期待されます。

(2) 医療領域における心理職の活躍の場

(1) 精神科医療機関

精神科病院には常勤・非常勤を合わせて三七〇〇〜四四二〇人、精神科診療所には二三三〇〜三一九〇人の心理職が勤務していると推定され、仕事内容としては、多かったもの（%）から列挙すると、心理検査（九三・七）、外来の心理治療（八七・二）、治療や検査の記録（八一・二）、カンファレンス（七七・七）、入院の心理治療（六八・四）、外来の家族面接（四二・一）、入院の集団療法（三六・〇）、訪問学生の指導・講義（三一・四）、コンサルテーション（二六・三）、外来の集団療法（二六・〇）、新患の予診（二六・〇）、入院の家族面接（一九・一）、職員のメンタルヘルス支援（一七・二）となっています［村瀬嘉代子ら 二〇一五］。それ以外にもデイケア関連の業務、地域での活動（研修会講師、職域メンタルヘルス支援、母子保健相談、スクールカウンセラー、被災地支援など幅広く活動していることがわかります。

(2)　一般病院・医療・保健施設（精神科病院・精神科診療所を除く）一般病院

一般病院には内科や外科など様々な診療科があります。心理職が配属されている診療科・部門として、小児科、緩和ケア室、血液・腫瘍科、血液内科、精神腫瘍科、総合診療科、糖尿病内科、老年科、がん相談支援センター、チーム医療推進室、発達支援室、犯罪被害者支援などがあります。

その中で心理職はどのような仕事をしているのでしょうか。多かったもの（%）から列挙すると、①心理検査・アセスメント（八九・一）、②個人心理面接（家族面接・心理教育を含む）（八九・一）、③カンファレンス参加（八三・四）、④リエゾン活動（院内での他部門との連携）（七三・九）、⑤医療チームへの参加（七一・五）、⑥コンサルテーション（六八・五）、⑦機関内スタッフに対する研修・講義（六一・五）、⑧研究活動（院内または多施設研究への参加など）（五二・〇）。⑨職員メンタルヘルス活動（四九・三）、⑩実習生（心理職に限らない）・研修医指導（三九・八）、以下集団療法（グループワーク・デイケアを含む）（三三・九）、地域支援活動（アウトリーチ・訪問を含む）（二三・一）の順でした。これ以外にも、がん相談支援センターとしての業務（患者、家族、地域住民対象の相談）、がん診療連携拠点病院としての研修会、運営、講師、院内患者会への参加、ピアサポーター支援、インフォームドコンセントの同席、大学病院ですと、大学、病院付属の看護学校での講義、市中小中学校への巡回（小児科医に同行）、移植術前の評価面接、禁煙外来カウンセリング、各種専門外来（頻尿、思春期外来、ＨＩＶカウンセリングなど）と活躍の場が多彩となっています［村瀬嘉代子ら 二〇一五］。

ここではがん治療をはじめ医療における心理職の現状をいくつかご紹介しましょう。がんは医療の進歩により今や「不治の病」から「長く付き合う病気」に変化しており、多職種ががん患者の支援にあたっています。厚生労働省はがん治療に関して心理職を「医療心理に携わる者」として、がんの緩和ケアチームの一員として位置づけています。

さらに遺伝疾患をもつ患者や家族が適切に意思決定できるよう支援する遺伝カウンセリング、原因が明らかでなく治療法も確立していない難病患者への心理的支援、小児科では発達障害、虐待、不登校などに対する対応など医療現場では心理職の支援を必要としています。

(3)　保健所

保健所は地域住民の健康を支援する公的機関ですが、デイケア、住民に対する講演などを担当している心理職もいます。

(4) 精神保健福祉センター

精神保健福祉センターは、地域住民のこころの健康の保持・向上、精神障害者の社会復帰を担う総合的な機関で、心理職は、メンタルヘルス・自殺予防に関する研修会主催、各種講演会・講座の開催、パンフレットの発行、電話相談による傾聴、情報提供、助言指導など、精神保健福祉に関する事務、統計など、行政職と同様の業務、精神医療審査会事務などの仕事を担当しています［村瀬嘉代子ら 二〇一五］。

(5) 福祉領域

老人福祉施設、障害者施設、女性福祉施設、児童福祉施設など福祉領域の心理職者数はほぼ五五〇〇人〜一万六〇〇〇人とされています。これまで福祉施設では支援制度の配置基準は国家資格が前提となっています。したがって福祉領域では心理職の必要性が認識されていても国家資格ではないため、心理職は採用されなかったり、別の職名で採用されている場合があります［村瀬嘉代子ら 二〇一五］。今回の公認心理師制度で大きく変わることが推測されます。

2　産業領域における心理職の役割

(1) 産業領域における心理職の位置づけ

近年職場の環境はより厳しくなり、多くの人達がストレスを抱えています。働き過ぎによる過労死、ハラスメントやいじめなどの人間関係の問題、オフィスの物理的環境、組織のあり方、企業風土など、産業ストレスの課題は多岐にわたっています。国家資格としての公認心理師の活躍が今後大いに期待されるところです。

産業領域における心理職は、これまで臨床心理士、産業カウンセラー、キャリアカウンセラーなど様々な資格を持った人がいました。しかし国家資格として、二〇一六年より、職業選択や能力開発に関する相談・助言を行う専門家としてキャリアコンサルタントが、さらに二〇一八年より公認心理師が規定され、今後国家資格をより重視する流れになることが推測されます。

(2) 産業領域における心理職の活躍の場

産業心理職の活躍の場は、大きく職場内と職場外に分かれます。職場内の心理職は、企業内カウンセラーとして、人事部、総務部、労務部、保健管理センター、安全衛生部門などに所属することが多いでしょう。職場外の心理職としては現時点ではＥＡＰが主と考えてよいでしょう。Ｅ

ＡＰとは、Employee Assistance Program 従業員支援プログラムのことで、企業など事業場と委託契約を結び、カウンセリング、メンタルヘルス研修などさまざまなメンタルヘルスケア業務を請け負います。これまではＥＡＰの募集要件として、臨床心理士、精神保健福祉士、産業カウンセラーなどがあげられていましたが、今後は公認心理師が加わるでしょう。

（3）産業領域における心理職の役割

⑴ 個人に対するアプローチと個人以外（管理職、家族、組織など）に対するアプローチ

以前は産業領域の心理職の仕事といえば、従業員（クライエント）個人の相談が主でした。しかし現在では従業員の上司、人事担当者へのフィードバックや相談、組織全体の現状の把握・分析とそれに基づく助言など多岐にわたります。

⑵ 職場における心理臨床アプローチ

i　メンタル不調者（精神疾患から精神的不健康の来談者）への対応

i－i　メンタルヘルス不調者のアセスメント

すでに医療を受けている人の場合は必要に応じて医療機関との連携をとります。まだ医療を受けていない従業員が相談に来た場合、身体的問題の有無、薬物療法の適応、入院の必要性などおおよその見立てを心理職がしなければなりません。

i－ii　カウンセリング

従業員本人の希望あるいは会社から勧められてカウンセリングを行うことがあります。医療を受けている従業員に関しては主治医の意向を確認したうえでカウンセリングを開始した方がよいでしょう。

i－iii　復職支援

何らかの疾患で休業している従業員が職場に復帰する際、さまざまな支援が必要となります。とくに復帰直後は心理的な支援も重要です。心理職が復職支援に関わる場合、休業中から定期的な面接を行うなど一定期間関わることがあります。現在、厚生労働省から出ている「心の健康問題により休業した労働者の職場復帰支援の手引き――メンタルヘルス対策における職場復帰支援」（職場復帰支援の手引き）にそって進められます。

i－iv　ストレスチェック制度

二〇一四（平成二六）年六月二五日に始まった労働安全衛生法という法律による、ストレスチェックと面接指導の実施等を義務づける制度です。

従業員のストレスと集団ごとのストレスをチェックし、職場におけるストレス要因を評価し、職場環境の改善につなげ、ストレスの要因そのものも低減させることを目的としています。

ストレスチェックを実施できる職種は「医師、保健師又は厚生労働大臣が定める研修を修了した看護師若しくは精神保健福祉士」に限られていました。心理職はこれまで民間資格で、守秘義務が課せられていないことからストレスチェック実施を担ってきませんでしたが、今後は国家資格となった公認心理師も担当することが期待されます。

(3) キャリアに関わる相談

従業員の能力、適性を把握し、適材適所の配属に関する助言をすることは不適応を避けることに繋がります。また終身雇用制度の時代が終わり、今後の職業生活あるいは自らの生き方について積極的に考えていくこともより重要となっています。

(4) 人事、管理職へのコンサルテーション

産業の現場では、従業員本人との面談に加え、従業員を取り巻く上司、人事担当者へのコンサルテーションも大きな役割となります。従業員の面接を行った後に上司、人事に面談結果をフィードバックする、上司、人事担当者より従業員もしくはまだ会っていない従業員に関する相談を受けるなどが想定されます。その場合、個人情報の扱いには充分注意しなければなりません。かなり具体的な内容までひとつひとつ誰にどのように伝えてよいかを確認することが重要です。

(5) メンタルヘルスに関わる教育・研修

厚生労働省は各事業場内産業保健スタッフ等の職務に応じて専門的な事項を含む教育研修、知

識修得等の機会の提供をするとしています。事業場外のＥＡＰが実施する場合もあります。

産業領域は勤務している心理職はまだ多くはありませんが、働く人を支援し、ひいては経済の活性化にもつながる重要な領域です。心理学以外にも会社のしくみやルール、労働に関する法律などの知識も必要ですが、大変やりがいのある領域です。


（尾久　裕紀）

引用文献

日本臨床心理士会［二〇一六］第七回「臨床心理士の動向調査」報告書。

村瀬嘉代子ら［二〇一五］「心理職の役割の明確化と育成に関する研究」厚生労働科学特別研究事業『平成二六年度総括・分担研究報告書』。

あとがき

ここまでお読みいただいた読者の皆さん、いかがだったでしょうか？　心理学と心理専門職の世界の幅広さと奥深さ、そして曖昧さと難しさを感じ取っていただけたでしょうか。

どのような専門職ももちろん幅広く奥深いものでしょう。ですので、心理専門職の特異性をあえて挙げるなら「曖昧さ」と言えるかもしれません。それは、心理専門職の業務内容が、一般の方から見ても、他職種から見ても「何をしているのかよくわかりにくい」という意味の曖昧さでもあります。もう一つの曖昧さは「そもそも心理学が、研究の対象と研究する主体とが同じである」というところからきています。

つまり「意識について意識的に考える」、「心の悩みについていろいろと考える」というのが心理学の出発点であるとするなら、まさにその営みは「心について心で考える」という、矛盾に満ちた限界だらけの営みであるわけです。この矛盾をなんとか乗り越えようとしたのが第2章で紹介されているヴントやワトソンから始まった現代心理学の試みです。特に「行動のみに注目する」という態度は、上述のような矛盾をやや極端な形で乗り越えようとしたとも言えます。

このような学問である心理学に立脚した専門職である心理職は、「常に自分を振り返りつつ活動する」という特徴があります。この「常に自分を振り返りつつ」という姿勢を、心理学では「内省」と言いますし、社会学では「再帰性」と言います。（ちなみに英語ではどちらもreflectiveです）。

このように「常に自分を振り返りつつ活動する」専門職の特徴を、哲学者のドナルド・ショーン（D. Schön）は「反省的実践家」と呼びました。この反省的実践家は「対象の反応を確かめながら」「自分の実践を振り返りつつ」実践する専門家を指しています。つまり「今、相手は私の支援をどう受け取っているだろうか」「ここでなぜ、私はこういう対応をしたのだろうか。こういう反応をしがちな私は、どんな課題を抱えているのだろうか」と常に自らに問い続ける専門家です。ショーン（Schön）によれば、カウンセラーだけでなく、教師、看護師、ソーシャルワーカーなどはすべてこの反省的実践家であるということです。このような職種の実践は、どんなに正しいと思われる介入をしても、それを相手がどのように受け取るか、こちらがどのような態度で実施するかによって全く異なったものになってしまうため、常に相手の反応と自分自身を振り返りつつ進めないと、大きな間違いにつながるからです。ただ、この「反省的」のウェイトが一番大きいのは、「何をしているのかがわかりにくい」という意味で、曖昧性の高い心理専門職かもしれません。

ただし、ここでの「反省的」という言葉は、決して「自責的」「自罰的」という意味ではありません。原語のreflectiveは「自分自身を含めた、状況全体を客観的に振り返る」という意味の強い言葉です。

近年では、科学者全体にこのような態度が求められるとして、「内省的科学者」という言葉も使われるようになってきています。たしかに、今の日本にも世界にも欠けていて、だからこそ必要とされているのは、この「内省」的姿勢だと言ってもいいでしょう。国際情勢としても、そして日常的な風潮としても、非寛容で排他的な言動が増えている昨今こそ「一歩踏みとどまって自らを振り返る」という内省がどうしても必要と思われてなりません。そしてこの場合の内省も決して「自責的」「自罰的」なものではなくて、「むしろ科学的ともいうべき態度で振り返る」というものです。そのような科学的とも言える内省によって、初めてリスクや敵意、相互不信などを過大にも過少にも評価もしない、適切な姿勢が生まれると考えます。

以上のように、世界情勢や政治に関しても、身近な対人関係においても、さらに医療や科学技術の進歩に関しても、私たち全員が「常に自らを振り返る」ことなしには、解決できない問題を含んでいると言っていいでしょう。そして、手前味噌な言い方を許していただけるなら、このような科学的内省を育くむ学問こそが心理学だと考えています。

そして、真の内省のためには「歴史」という縦糸と「広い現状」という横糸とをある程度知らなければ、本当の内省にはつながりません。その意味では、歴史学や社会学、そして「より深く思索する」ための哲学などの、近接学問を学ぶこともとても大切なものとなります。もちろん、世界の最新情報を効果的に手にするために、英語力も基礎統計学の力もある程度必要です。

さあ、皆さん、ぜひ一緒に心理学を（近接領域も含めて）深く楽しく学び研究しましょう！

福島哲夫

福島哲夫（ふくしま てつお） 第3章、あとがき

所属：大妻女子大学人間関係学部教授

担当科目：「臨床心理学基礎実習」、「臨床心理学特別研究」

生年 1959年

最終学歴：慶応義塾大学大学院社会学研究科臨床心理学分野博士後期課程単位取得満期退学

主要業績

◉福島哲夫責任編『公認心理師必携テキスト』学研秀潤社、2018年

◉杉原保史・福島哲夫・東斉彰編著『心理学的支援法』北大路書房、2019年

古田雅明（ふるた まさあき） 第4章

所属：大妻女子大学人間関係学部教授

担当科目：「社会・臨床心理学基礎セミナー」、「臨床心理実習Ⅰ（心理実践実習）」

生年 1969年

最終学歴：専修大学大学院文学研究科心理学専攻単位取得満期退学、博士（心理学）／専修大学

主要業績

◉香月菜々子・古田雅明『キャンパスライフサポートブック こころ・からだ・くらし』ミネルヴァ書房、2019年

◉クリストファー・ボラス『太陽が破裂するとき――統合失調症の謎』館直彦監訳、坂井俊之・橋爪龍太郎・古田雅明他訳、創元社、2017年

執筆者紹介

尾久裕紀（おぎゅう ひろき）　はじめに、第5章

所属：大妻女子大学人間関係学部教授

担当科目：「人体の構造と機能及び疾病」、「精神疾患とその治療」

生年　1957年

最終学歴：東海大学医学部医学科卒業、博士（医学）／東邦大学

主要業績

◉「精神療法機能としてのダンス」大沼幸子・﨑山ゆかり・町田章一・松原豊編『ダンスセラピーの理論と実践』ジアース教育新社、2012年

◉「リスクマネジメントとしてのメンタルヘルス」『危険と管理』44、2010年、28〜40頁

本田周二（ほんだ しゅうじ）　第1章

所属：大妻女子大学人間関係学部准教授

担当科目：「社会心理学実験研究法（心理学実験）」、「教育心理学（教育・学校心理学）」

生年　1981年

最終学歴：東洋大学大学院社会学研究科博士後期課程修了、博士（社会心理学）／東洋大学

主要業績

◉「第7章　対人関係——パーソナリティ心理学の視点から」島義弘編『パーソナリティと感情の心理学』サイエンス社、2017年、121-133頁

◉「友人関係における動機づけが対人葛藤時の対処方略に及ぼす影響」『パーソナリティ研究』21（2）、2012年、152-163頁

山蔦圭輔（やまつた けいすけ）　第2章

所属：大妻女子大学人間関係学部准教授

担当科目：「臨床心理学概論」、「臨床心理学面接法特論」など

生年　1979年

最終学歴：早稲田大学人間科学研究科博士後期課程修了、博士（人間科学）／早稲田大学

主要業績

◉「青年期女性における食行動異常発現・維持モデルの構築と効果的支援法に関する検討」『Journal of Health Psychology Research』30、Special issue、2018年、171〜177頁

◉『心理学・臨床心理学概論　第3版』北樹出版、2015年

〈大妻ブックレット3〉

カウンセラーになる
心理専門職の世界

2019年8月8日　第1刷発行　定価（本体1400円+税）

編著者　尾久裕紀
　　　　福島哲夫
発行者　柿﨑均

発行所　株式会社　日本経済評論社
〒101-0051 東京都千代田区神田駿河台1-7-7
電話 03-5577-7286　FAX 03-5577-2803
URL：http://www.nikkeihyo.co.jp
表紙デザイン＊中村文香／装幀＊徳宮峻　印刷＊文昇堂／製本＊根本製本

乱丁・落丁本はお取替えいたします。　Printed in Japan

ISBN978-4-8188-2542-0 C1311